Vana Miletto

SONHOS

impressões e sentimentos

2ª.Edição
2020

DEDICATÓRIA:

À memória daqueles que já partiram, mas sempre se fazem presente e que de uma forma especial trazem inspiração, fazendo com que as palavras brotem escorregando pelas mãos, caindo por fim no papel.

À minha amada mãe, um diamante raro que Deus me emprestou por 45 anos e que sempre me visita em sonhos, sendo a minha eterna fonte de inspiração.

À minha saudosa avó Gabriela, um anjo que sempre esteve comigo e que nos deixou como legado o carinho especial a todos os netos e netas.

AGRADECIMENTOS:

Agradeço à prof. Nathália Christina Fonseca Cerqueira da disciplina Comunicação e Expressão, na Faculdade de Tecnologia de Itapetininga por transformar a sala de aula num verdadeiro palco da democracia brasileira, permitindo a cada aluno o desabrochar do pensamento critico.

Dessa forma, sem perceber faz com que a célebre frase *"pleno desenvolvimento do educando, seu preparo para o exercício da cidadania e sua qualificação para o trabalho"* não seja para as próximas gerações apenas um jargão de palanque ou então, somente um artigo esquecido de uma lei. Muito menos uma frase perdida em um planejamento de ensino qualquer, esquecido em uma gaveta qualquer; ou abandonado em uma empoeirada prateleira de uma suposta biblioteca ou estante da sala de um diretor.

PREFÁCIO:

Sonhos: Impressões e sentimentos é um livro pungente, que nos arrebata de imediato e faz com que deixemos nosso cotidiano para emergir num maravilhoso mundo onírico. Trata-se de um livro de poemas que nos toca fundo e nos transporta para além de nós mesmos, ao trazer a baila temas como o amor pela família, o apego à mãe, o cotidiano, as agruras humanas, o devassidão do tempo, o amor e suas (im)possibilidades, a morte, entre outros.

Vana Miletto escreve macio, suave, mas com determinação e profundidade. Sua poesia é relevante, bela e extremamente tocante, haja vista que fala da nossa humanidade, do que vivemos e sentimos, do que desejamos e alcançamos. Seus poemas falam do vazio que há em nós e de como superamos a dor e a saudade, de como caminhar pode ser ao mesmo tempo doloroso e edificante. Mergulhar nessa leitura é um ato tão prazeroso quanto meditativo, na medida em que nos vemos nas linhas bem traçadas da autora e nos sentimos parte dos seus retratos expostos.

Quanto à forma, com versos ora curtos ora longos, mas sempre cadenciados, a leitura flui de modo a nos envolver e chama a atenção pela construção de rimas interpoladas que garantem ritmo aos poemas. Algumas vezes, o texto aparece com ênfase na forma (como em "Soneto da Saudade"), muitas outras vezes a ausência de rimas denota liberdade de expressão e vivacidade tônica às estrofes (assim como em "Nuances" , "Poder", "Livre Sou"). Essa liberdade alcança sua expressão máxima no poema concreto "Palavras Avulsas", que também nos mostra versos avulsos bailando na folha. Sem métrica fixa, ou seja, sem se prender a estrutura formal, os poemas que vemos aqui são expressões livres de pensamentos e sentimentos, constituindo, assim, a alma da autora que se entrega em cada verso.

Nesse sentido, em cada página temos um transbordar de emoções que no invadem e nos transformam a cada vez que lemos. Os versos bastante intimistas e imagéticos são, de fato, traduções de um estado de espírito que converge dor e alegria, saudade e felicidade, sentimento e razão, medo e enfrentamento. Viver para Vana

Miletto é sentir, é expressar em versos o que a motiva e a assombra, o que a faz feliz e a aterroriza; escrever poesia é o que a move e a faz prosseguir num mundo cheio de dificuldades e desafios, mas também pleno de beleza e esperança.

Isso tudo pode ser percebido, por exemplo, nas poesias de abertura "Dia das Mães" e de encerramento "Inspiração", que fazem reverência à relação mãe-filha, homenageando todas as mães na pessoa da própria mãe da autora. Em ambas, aludindo ao passado, mas fazendo referência ao presente e até ao futuro, a autora nos apresenta a figura mais importante da sua poesia: A MÃE, mulher que a move e alicerça sua vida. Ao trazer elementos divinos aos textos, o que se percebe é a mãe transformada em divindade, digna de todos os agradecimentos e méritos, louvada por sua existência e felicidade proporcionada. À mãe a maior loa, a maior alegria, o sentimento mais puro, a saudade mais bonita e sincera; à mãe poemas tão íntimos, de pureza intrínseca e cândida doçura.

Mais adiante nos deparamos com "Pedaços de Mim", obra igualmente forte que nos alcança de imediato. Com estrutura rimada em paralelo e ritmada, a temática profunda faz alusão à vida e todas as emoções e percalços de se viver. A autora traça um retrato humano, fragmentado, constituído de partes cansadas e fragilizadas, ou seja, pedaços de gente que se desfazem pelo caminho e ao final do percurso se esvaem para sempre. É uma dolorosa perspectiva da humanidade, que em frangalhos não tem força para lutar, mas também é um olhar penetrante da nossa condição enquanto ser que vive, sofre, se esgota e se cala para o fim.

"Partida" tem um ritmo forte, bem marcado pelas rimas e pela poeticidade latente. A leitura fluida mostra uma construção paradoxal que contrapõe elementos da natureza humana com a força da realidade que nos cerca. Os versos curtos acentuam esses elementos que se contrastam, como ter tempo e não aproveitar, estar triste e não chorar, viver tristezas e não esmorecer, ser pobre e não perecer, ver a morte e a rejeitar. E no contraste de se viver-morrer, o eu-lírico nos mostra a efemeridade da vida e não possibilidade de se enfrentar a morte, o rumo inevitável para nossa existência. Ao final do poema, a entrega e imersão no fim são absolutas, pois a dor deixa de existir no corpo e o tempo acolhe a alma que finalmente se rende.

Falaria páginas e páginas acerca de cada um dos poemas encontrados aqui e como me tocam de alguma maneira. Sempre insisto em dizer que ainda a melhor forma de se encontrar, se conhecer e se modificar é através da arte, da reflexão que toda obra de arte nos propõe. Sendo a expressão artística que mais me toca, a literatura encontra seu porta-voz em Vana Miletto que não apenas nos emociona com seus versos, mas principalmente nos conduz a um repensar sobre a vida, sobre nossa existência no mundo, nossa importância para as pessoas que nos circundam e nossa relação com aqueles que partiram.

Dra. Linda Catarina Gualda
Doutora em Literatura e Cinema
Mestre em Literatura Comparada

SUMÁRIO

DIA DAS MÃES

O dia mais especial,
foi o dia em que você veio ao mundo.
Embora comemorem em data anual,
para mim é bem mais profundo.

Abençoado foi o dia em que nasceu,
abençoados foram seus dias vividos.
Abençoado seja o último dia em que viveu!
Abençoados foram os dias que esteve comigo.

O seu dia foi ontem,
o seu dia é hoje,
o seu dia será amanhã.

Abençoado foi o dia em que respirou,
abençoado foi o dia em que sorriu.
Abençoado e saudoso foi o dia em que nos deixou.
Abençoado foi o dia em que partiu.

Te amei ontem,

te amo hoje,

te amarei amanhã.

Abençoada foi a sua breve estadia.

Abençoado é seu amor em nós presente.

Abençoada é a casa em que você viveu.

Abençoada é a saudade de ti latente.

Sinto saudades do ontem.

sinto saudades do hoje,

sentirei saudades amanhã.

Abençoado foi o dia em que andou,

Abençoado era tudo o que tocava.

Abençoado foi o dia em que cantou.

Abençoado era tudo que falava.

Esteve comigo ontem,

estás comigo hoje;

estarás comigo amanhã.

Abençoada foi cada palavra proferida;

abençoado foi todo o amor dedicado.
Abençoada tem sido cada palavra não esquecida.
Abençoado tem sido o amor no coração guardado.

Viveu em mim ontem,
vive em mim hoje.
Viverás em mim amanhã!

Abençoado seja o lugar onde hoje vive.
Abençoada foi toda a nossa história.
Abençoados foram os dias em que a tive.
Abençoada seja para sempre a sua memória.

Amei você ontem,
amo você hoje.
Amarei você para sempre!

CANÇÃO DO LAVRADOR

Quando pegas um rastelo
para meu corpo limpar;
saiba que lá do alto
estarei por ti a zelar.

Quando pegas a enxada
para as pragas retirar;
tenha certeza que
sua fome eu irei saciar.

Quando aras o meu corpo
sem querer me ferir,
saiba que com bons frutos
eu hei de retribuir.

Quando me irrigas com ternura
e a minha sede tu sacias.
Saibas que ervas que curam,
eu as porei em tuas vinhas.

Quando me adubas
para mais forte eu ficar;
alimento em abundancia,
a você vou dispensar!

Quando de mim um caco retiras,
cuidando pra que eu não adoeça.
Saiba que em dias cansados e noites frias,
não deixarei que pereça.

MÃOS

Uma mão que se estende
para levantar quem está no chão;
é um pedaço do amor que se sente,
quando ajudamos um irmão.

Uma mão que carrega
quem não tem força para andar;
É parte do amor que se entrega,
é o amor que se deixa amar.

Uma mão que acalenta,
um coração abatido.
É uma fatia do amor
que não ficou escondido.

Uma mão que enxuga o pranto
de um rosto entristecido,
é o amor que estava num canto,
quase, quase adormecido.

Uma mão que alivia a dor,

de um velho cansado e doente;
é uma expressão do amor,
quando no coração está presente.

Uma mão que rega uma flor
com delicadeza e carinho;
e a leveza do amor,
livre como passarinho.

Uma mão que se eleva
em ato de oração;
é o amor de Deus presente,
no peito de um irmão.

SUSTENTÁCULOS

Me sustenta e me segura,
sem nada em troca pedir.
Me suporta e me atura,
no meu ir e no meu vir.

Faça Sol ou faça chuva,
estás comigo a caminhar.
Não importa a temperatura,
sei que não vai me abandonar.

Segura todo o cansaço
todo o peso e toda a dor,
Me leva para todo canto,
seja lá pra aonde for.

Mesmo pequeno e cansado,
o meu corpo tu carregas.
Às vezes mesmo adoentado,
trabalha e não se entrega.

Dia e noite, noite e dia,
sempre estás comigo.
O que de mim seria
se não fosse meu amigo?

PEDAÇOS DE MIM

O corpo envelheceu,
cansada eu fiquei;
a boca emudeceu,
foi ai que eu chorei.

Chorei de tristeza
chorei de saudade;
saudade da leveza,
dos sonhos da mocidade.

As pernas enfraqueceram,
os braços menos fortes.
Os cabelos embranqueceram,
a vida aguarda a morte.

As vistas enegrecidas,
quase nada mais se vê.
A alma enfraquecida,
não espera o amanhecer.

Não consigo mais falar,
os lábios estão fechando.
Chegou a hora de calar,
O fim está se aproximando.

IMPOSSIVEL

Deixarei de te amar,

quando a Lua deixar de existir.

Deixarei de te amar,

quando a chuva deixar de cair.

Deixarei de te amar,

quando o ar desaparecer,

Deixarei de te amar

quando o Sol escurecer.

Deixarei de te amar,

quando o tempo parar de correr.

Deixarei de te amar,

quando não mais anoitecer.

Deixarei de te amar,

quando o pássaro desaprender a voar.

Deixarei de te amar,

quando a estrela não mais brilhar.

Deixarei de te amar,

quando não mais amanhecer.

Deixarei de te amar,

quando o globo terrestre não mais se mover.

Deixarei de te amar,

quando o Sol sair do lugar.

Deixarei de te amar,

quando o diamante deixar de brilhar.

INSPIRAÇÃO DE POETA

O poeta sonha.

O poeta escreve.

O poeta sente

e sua mente nunca envelhece.

Seu pensamento vai ao longe!

Suas idéias são como a água;

ora borbulha em estado de ebulição.

Depois assenta-se em cadernos, folhas e livros,

para tocar alma e coração.

Vez ou outra é como água a evaporar,

espalhando-se aos quatro cantos da terra;

levando vidas ao encantar.

Outras vezes são como água

a brotar de um grotão;

tal qual amor da adolescência

a explodir um coração.

Muitas vezes à tempestade se assemelha;

encharca vaso, terra, chão, colocando sementes a

brotar

e assim suas idéias se fazem materializar.

Como a chuva é também o pensamento;

cai na terra, água dos lagos, também mar.

Ao céu retorna, para na terra poder voltar;

em eterno ciclo que sempre se reinicia,

em tão breve retornar.

Imaginação de poeta é como água:

traz tudo e tudo leva.

Traz sonhos, esperanças, e a alegria se faz renovar.

Leva tristeza, melancolia

e deixa o coração a sonhar.

Lava o corpo, irriga a alma

e novamente se volta ao caminho do poetar.

É assim a nossa cabeça;

borbulha vivendo em estado perene de

efervescência.

As palavras brotam da cabeça,

escorregam pelos ombros

caindo em nossas mãos.

Não podemos negligenciá-las,

Deixando-as caírem ao chão.

Nós a aparamos com uma caneta e

guiados pelo coração

o ato de escrever se principia;

escapando de nossa mão,

se firma em papel.

Depois que se começa não se consegue parar!

E assim se inicia o amor e o poetizar.

A dor podemos descrever;

a alegria fazemos tão longe voar.

As tristezas fazemos desaparecer,

No tempo,

no espaço,

terra e além mar.

DESMATERIALIZAR

Hoje conheci a mais doce inspiração,
meus olhos se encharcaram de tamanha emoção.
Um planeta hoje eu vi,
em minha frente a me encantar.
Quisera eu ter asas nesse momento e de perto,
poder ver
Júpiter com suas luas no espaço a se mover.
Em seguida um alaranjado e encantador,
anos luz de mim acima,
era Marte imponente,
a encantar marejados olhos contentes.
Em êxtase fiquei e assim quero ficar!
Não sabia que aqui embaixo podia tanto me
encantar.
Em seguida logo vi, foi então que me apaixonei,
Saturno ali estava e eu tão longe dele então chorei.
Chorei pela minha tamanha pequenez,
diante de tão nobre rei.
Seus anéis ali estavam no espaço a bailar.
Que magia e encantamento, foi felicidade sem par.
Quis eu naquele momento

em espírito livre me transformar;
chegar pertinho dele e com ele me casar.
Mas para isso o que faria,
para junto dele poder estar?
Desejei não mais ser matéria,
quero agora ser o ar;
quero ser a menor partícula
e poder me desprender
desse mundo, dessas coisas
e Saturno poder ter!
O universo tem tantos espaços,
por que justamente nesse eu fui nascer?
Quero daqui sair e o espaço ocupar,
viajar de galáxia em galáxia
e em Saturno poder viver.
Abraçá-lo, acariciá-lo,
apertá-lo em minhas mãos,
tornar-me como ele e do alto poder sentir
a energia de Saturno,
as minhas entranhas possuir.

Inspirado na Palestra "A Importância da Astronomia no Ensino de Ciência" proferida por Jorge Saito, na 8ª Mostra de Projetos na Faculdade de Tecnologia de Itapetininga.

RAZÃO

Dentro de mim reside uma força,
essencialmente descomunal.
Ora tende para o bem,
ora tende para o mal.

Em minha cabeça reina o pensamento,
mas uma consciência o controla.
Quando o erro está presente,
minha consciência o expulsa fora.

Meu sentimento, vez ou outra oscila.
Amor e ódio sempre em desalinho.
Quando o ódio do trem descarrila,
a razão comanda e indica o caminho.

Penso no bem, penso no mal;
reflito antes de agir.
Minha consciência é o meu punhal,
não tenho como dela fugir.

Sou dono da minha consciência,

sou meu mestre e minha razão.
Sou a soma das próprias experiências,
do meu destino, assumo a direção.

INSEPARÁVEIS

Música e poesia
almas gêmeas são.
Enchem-nos de alegria,
emocionam o coração.

Música e poesia,
palavras perfeitas.
A mais bela harmonia,
que a nossa vida enfeita.

Poesia e música;
combinação poética,
Inebriam encantam.
Parecem proféticas!

Vida sem música,
paisagem rústica.
Vida sem poesia,
paisagem vazia.

Poesia acalenta,

música acalma.
Poesia estanca a dor,
música abraça a alma.

A poesia faz cantar
o amor e a emoção.
A musica se faz calar,
para ouvir o coração.

A música é suave ao ouvido,
a poesia doce ao coração.
Musica resgata o amor escondido,
poesia alimenta a emoção.

Poesia, doce viagem.
Música suave canção.
Poesia pintura e imagem.
Musica, linguagem do coração.

Música: conjunto de melodias.
Poesia, conjunto de emoção.
Música: cobertor em noites frias.
Poesia é o Sol de verão.

QUE ASSIM SEJA

O dia em que minha mente cansar
e minha mão não mais escrever.
É sinal que aqui não vou estar,
é prenuncio do meu fenecer.

O dia em que minha mente não mais criar
e a idéia não mais florescer.
É porque minha alma deixou de brilhar
e o coração parou de bater.

O dia em que a razão me deixar
e a melancolia inteira me envolver.
É sinal que deixei de amar,
é sinal que deixei de viver.

Envolva meu corpo num manto,
minhas palavras deixem ecoar.
Queime meu corpo portanto
e jogue as cinzas no mar.

PARTIDA

Tive tempo,
não aproveitei.
Tive medo,
não chorei.
Tive segredos,
não contei.
Fiquei triste,
também não chorei.
Vivi tristezas,
não esmoreci.
Senti a pobreza,
não pereci.
Vi a morte,
a rejeitei.
Senti a vida,
nela me apeguei.
Perdi o que tinha,
o corpo cansou.
Fiquei sem nada,
o corpo não parou.

Coração doía,

corpo cansava,

paisagem não mais via,

mente chorava.

O tempo corria,

o tempo voava.

Eu envelhecia,

a mente avisava.

Partir não queria,

o tempo passava.

O anjo insistia,

a morte chegava.

Não tive escolha,

corpo pereceu.

A fala calou,

a vista escureceu.

A dor passou,

um clarão apareceu.

O tempo parou,

minha alma

Ele acolheu.

ARREPENDIMENTO

Uma vida inteira eu tive;
você, amigos e um lar.
Perdido em meio a luxúria estive e
sem respeitar seu viver não te deixei me amar.
Os dias assim se passaram,
continuei a não perceber,
que afastando você desse jeito,
um dia eu iria te perder.
Não cuidei de quem mais me amou,
negligenciei o amor verdadeiro.
Hoje perdido não sei mais quem sou,
enlouquecido então eu fiquei.
Depressivo perdi a razão,
minha vida então eu tirei.
Cheguei no fundo do poço,
arrependido agora eu fiquei.
Porém é tarde, então num canto sentei e chorei.
A noite aqui nunca acaba!
O Sol de vez desapareceu.
Aqui impera a dor,
mundo cinza, triste e sem cor.

Só me restam as boas lembranças
de tudo que eu desprezei.
A dor parece não querer sair.
Passam noites e noites sem fim
e daqui não consigo fugir.
Humildemente eu passo o tempo a orar,
seu perdão eu quero receber.
Percebi os erros passados
e o pecado por mim cometido.
Meu tempo não era chegado,
não sei quanto tempo ainda
na escuridão terei que ficar.
Minha alma sangra doída,
mas o coração já aprendeu a amar.
Perdão ó Deus eu Te peço!
Perdão pela vida não valorizar,
tira a minha alma daqui,
me leva pra outro lugar.
Arrependido do pecado estou,
dirija para mim seu olhar.
Perdoa meu ato insano,
vem minha alma salvar.
Me leva contigo eu imploro,
quero contigo morar.

ESTOU LIVRE

Desprender-me quero agora,
não agüento mais a dor.
O corpo que em mim outrora,
servistes como um condutor,
levando-me para onde eu
desejasse e quisesse ir,
hoje aprisiona-me.
Não fique triste com minha partida,
nem lamente a minha viagem.
Sei que a despedida é triste,
porém é maravilhosa essa passagem.
É um outro portal, uma outra dimensão,
a matéria cede lugar à leveza da alma.
Aqui vida e morte renascimento são.
A vida não se encerra aqui,
ela simplesmente recomeça.
Agora sim vou viver,
meu espírito não esta mais preso
a esse corpo que

nos últimos dias da minha vida terrena,

estava me impedindo de agir,

Movimentar e ser feliz.

Agora estou bem.

Minha alma está salva,

ela pertence a Deus

e mais ninguém.

Chore somente da saudade

e não de tristeza.

Tristeza era ter a mente ativa

e o corpo não poder corresponder

como eu desejava.

Estou bem e em paz.

Deixo meu carinho

e levo o que recebi,

pois agora as tristezas

não tem mais espaço

nesse novo corpo e espírito.

Amei a todos e agora

carrego esse amor que transborda

para a morada em que só tem

espaço para o amor e a felicidade.

Estou indo ao encontro

de todos que amei e partiram

antes de mim.
Hoje é um dia de festa,
saciarei a saudade que sentia
de todos aqueles que na terra amei.
Estamos em família,
não estou só.

AMANHECER

O Sol desponta entre o verde das matas,
seus raios envolvem cada ser em movimento.
O calor aquece vidas, seres e almas,
cobrindo cada um com o mais nobre sentimento.

Sentimento de nossa eterna pequenez,
diante de tão belo amanhecer.
Sentimento de eterna gratidão,
por presenciar todos os dias o entardecer.

Recebo com ternura as manhãs de calor;
recebo com carinho a intensa manhã gelada.
Intenso é o sentimento de gratidão e amor;
intensa é a esperança a cada dia renovada.

Que o Sol além de aquecer, também possa
renovar as esperanças no mundo.
Que o Sol ainda consiga,
iluminar o abismo humano mais profundo.

Que o frio fora da estação,

não encrudesça nossa alma e coração.

Que ele simplesmente desprenda

o abraço caloroso, para aquecer um irmão.

PARES

Alma, corpo,
corpo, alma.
Dor no corpo,
dor na alma

Água, fogo,
fogo, água.
Peso no ombro,
peso na alma.

Vida, morte,
morte, vida
Azar ou sorte,
ou sorte doída.

Ar e chão
chão e ar.
Dor e emoção,
ambas sem par.

Bem e mal,

mal e bem.
Gosto do sal,
ambas tem.

Doce, azedo,
azedo doce.
Coragem e medo,
vida trouxe

Frio, quente,
Quente e frio.
Coração de gente,
é como alma de rio.

Ave, serpente,
Serpente e ave.
Dor perene,
amor suave.

Tudo, nada,
nada e tudo.
Vida rasa,
coração sujo.

Belo, feio,
feio e belo.
Fim e meio,
rompem o elo.

PERCEPÇÃO

Tentei voar,

não consegui.

Quis levantar,

então cai

Tentei sonhar,

não entendi.

Quis acordar,

não estava ali.

Tentei falar,

não compreendi.

Voz a calar,

não percebi.

Tempo parou,

eu esqueci.

Vida passou

e eu nem vi.

ESPERANÇAS

Voz que encanta, melodia que acalma;
colo que balança a inquietude da alma.
Olhar que acalenta braços que afagam;
abraço que apascenta as dores que se apagam.

Sorriso terno e sereno, braços abertos a esperar;
coração parece pequeno, mas pronto para amar.
Voz que se desprende feliz em tom profético;
canto que ecoa em tom sereno e poético.

Prenunciam a felicidade, feito luz incandescente.
Trazendo paz e alegria,
ao coração carente.

Boas novas vou receber em mais um amanhecer.
Felicidade sei que existe,
é nisso que vou crer.

CORAÇÃO VAGANTE

Um sorriso um suspiro,
alimenta o vagante.
Sem um norte e sem destino,
tal qual do tempo um viajante.

Caminha pela estrada,
sem saber onde vai dar.
Em sua longa caminhada,
não sabe aonde chegar.

Uma busca incessante,
não se sabe pelo quê.
A alma inconstante,
que quase nada vê.

Sem bagagem e sem destino,
desata no mundo a procurar.
Feito cria de um felino,
uma presa a caçar.

Migalhas e restos,

uma fome a matar.
Trapos e farrapos
e um frio a aplacar.

Sua casa é o clarão da lua,
seu destino: a solidão.
Vagando de rua em rua,
vai dormindo pelo chão.

Sonhos não tem mais,
felicidade só Deus sabe.
E assim a vida se esvai,
só espera que se acabe.

Passado e presente
se fundem no escuro.
Coração mais nada sente,
não se espera o futuro

REENCONTRO

Não sei por que choro,
sabendo que não vais voltar.
Talvez seja porque quero,
a dor da alma externar.

A dor é inerente,
a uma alma entristecida.
A saudade é perene,
quando parte a pessoa querida.

Dizem que o tempo é remédio
e que um dia abranda a dor.
A solidão porém é um tédio,
vai matando aos poucos o amor.

Alegria e tristeza,
unem-se em uma só.
As lembranças e saudades,
na garganta dão um nó.

É estranho sem você

a vida continuar.
Alegria não mais se vê.
Perde sentido o caminhar.

O tempo sempre corre,
em sentido linear.
A dor do amor ausente espera,
a saudade poder matar.

Em outra dimensão espero,
com você me encontrar.
É tudo o que mais quero
reencontrar-te e te abraçar.

CASEBRE

Na encosta da montanha,
chaminé a esfumaçar.
Na choupana lenha queimando,
para mais uma noite esquentar.

A chuva começa a cair,
a água escorrendo ao chão.
De repente sob a luz do luar,
reaparece o clarão.

Distante de tudo e de todos,
a felicidade está presente.
Nessa humilde e pequena choupana,
o aconchego aqui se sente.

Quando a noite vem surgindo,
lá no céu bem de vagar.
Acendo o velho cachimbo
e na rede fico a sonhar.

Pego no sono e sigo dormindo

a espera de um novo amanhecer.
De manhãzinha o Sol sorrindo,
vem minha alma aquecer.

Na encosta da montanha,
chaminé a fumegar.
Leiteira de apito não se acanha,
de um novo dia anunciar.

PESCADOR

Coqueiros de copas altas,
enxerga-se além mar.
Despeço-me da morena
e vou mar aberto a pescar.

Saudades dela eu sinto,
mas sabes que irei voltar.
O mar é minha vida,
o barco, segundo lar.

No clarão do luar eu canto,
arranhando acordes no violão.
Saudades da amada sinto,
mas do mar não abro mão.

No encontro do azul das águas,
com o lindo azul do céu.
Um casamento belo e perfeito;
as nuvens servem de véu.

O barulho das ondas fortes,

soam feito suave canção.
As estrelas brilhando ao norte,
é a mais pura emoção.

Palmeira e conchas na praia,
pequeno barco vem surgindo.
Ao encontro da morena,
em seus braços volto sorrindo.

ROTINA

Dormir, acordar,

acordar, dormir.

Ritual cíclico

do ir e vir.

As paisagens mudam,

a vida se renova.

A rotina continua,

mantendo a alma imóvel.

Nada em sua rotina se faz mudar,

nada em sua rotina se faz querer.

Objetivos: nenhum.

Perspectivas: nulas.

Dormir, acordar,

acordar, dormir.

Sentir o pesar,

o pesar do porvir.

Sem metas,

sem história,

Sem rosto

e sem memória.

Pela vida passou,

Passou e não viveu.

Viveu e não aproveitou,

Nem bons frutos colheu.

Seu corpo não salvou,

Seu espírito pereceu.

O mundo não transformou,

E nas cinzas se perdeu.

Dormir, acordar,

acordar, dormir.

Dormir,

não acordar.

Não acordar,

dormir,

dormir.

dormir

IMPERCEPTÍVEL

Quero do tempo,
a fração de um segundo.
Quero do vento,
o aroma profundo.

Quero do Oceano,
a gota molhada.
Quero do piano,
a tecla não inventada.

Quero da praia,
o pó da areia.
Quero que caia,
a aranha da teia.

Quero da noite,
a estrela brilhante.
Quero do Sol,
o raio ofuscante.

Quero no espaço,

Planeta virar.
Quero do laço,
o nó desatar.

Quero do Anjo,
a auréola dourada.
Quero do Arcanjo,
A espada afiada.

Quero o olhar,
a observar o sorriso.
Quero entrar,
Em seu paraíso.

Quero o acorde
E quero a canção.
Aponta-me um norte,
Indique a direção!

Quero pro tempo,
devolver-lhe o segundo.
Quero no vento,
um pedaço do mundo.

PROSSEGUIR

Sorrindo ou chorando,
alegre ou infeliz.
Assim vou caminhando,
sem medo de ser feliz.

As dores se apresentam,
a saudade aperta o peito.
Os dias se passam
e o que se fez não é desfeito.

O tempo passa voando,
as dores vão diminuindo.
A saudade vez em quando
vai por certo indo e vindo.

O desassossego da alma,
torna-se algo inconstante.
Perde-se o sono e a calma,
num pequeno e único instante.

Mas a vida tão intensa,
coloca tudo em seu lugar.
Numa dinâmica propensa,
a não se ter medo de errar.

Impossível ficar parado,
deixando tudo acontecer.
Sem ao menos estar assustado,
pelas coisas que não se quer ver.

Tudo passa e tudo muda,
o tempo é quem decide.
Na roda gigante da vida,
Ou se dorme, ou se vive.

Inerte não dá para ficar,
pois o relógio não espera.
E quem assim o desejar,
então a vida o peneira.

Em fração de segundos,
nosso corpo envelhece.
Os sentimentos mais profundos,

A mente nunca esquece.

Sorrindo ou chorando,
Alegre ou infeliz,
Assim vou caminhando,
Sem medo de ser feliz.

SABORES

Dos sabores que provei,
nenhum deles esqueci.
Nos pomares que entrei,
muitas frutas eu colhi.

Das frutas que experimentei
uma coisa aprendi.
Os sabores, associei
aos momentos que vivi.

A cereja bem madura,
não importa a idade.
Tendo chocolate por cobertura.
tem sabor de felicidade.

Morango vermelho e doce,
com creme multicores,
Me lembra quando você me trouxe,
o primeiro buque de flores.

O coquetel de abacaxi

e a roseira que floresceu.
Comparável a primeira vez que te vi.
No dia em que você nasceu.

Um filho quando vem ao mundo,
É felicidade sem fim.
Quando dá o primeiro passo
A vida renasce por fim.

Doce de coco com calda de caramelo,
tem sabor de adolescência.
Tudo é lindo e muito belo,
É a vida em efervescência.

Leite condensado com mamão,
é sabor de felicidade.
Até palpita o coração,
um amor na terceira idade.

Um bom queijo e Vinho do Porto
Tem o sabor da despedida.
Olhar parado e absorto,
Quando assisti sua partida.

Ao som de belos tangos
Relembro nosso amor vivido,
Saudades de seus cabelos branco
partistes sem levar-me contigo

BOM DIA!

Olho além do horizonte,
um clarão a me aquecer.
O Sol vem refletindo ao longe,
mais um lindo amanhecer.

Os pássaros em minha janela,
vem logo anunciar.
é a vida que se revela
e reinicio o caminhar.

O vento, boas novas
suavemente vem trazendo.
A alegria que se renova,
é mais uma tarde nos envolvendo.

O Sol esta sumindo,
por traz dos grandes campos.
A noite vem surgindo,
cobrindo-nos do escuro manto.

O Sol esta se pondo,

vem a noite negra a escurecer.

Ela está se resguardando,

para mais um novo amanhecer.

LIVRE SOU

Se eu partir,

não chore,

deixe-me ir.

Sou como o pássaro livre,

que ao voar

passa seus dias

na mais plena felicidade.

Seu limite são suas asas,

solto no mais puro êxtase;

é o dono do seu tempo,

dono do ar e da chuva.

De árvore em árvore,

busca ardentemente

o calor da sua alma gêmea;

para debaixo de suas asas

sentir-se o mais seguro dos pássaros!

E junto da companheira

compartilhar o ninho.

Se eu partir com ela

deixe-nos ir;

Se partir sem ela,

me impeça!
Sem ela, sou o pássaro
triste na gaiola
a espera do fim.

ADEUS

A linha tênue que separa
a razão e a loucura;
esta prestes a romper,
tal qual negra noite escura.
A razão por vez decidiu,
que em férias ira entrar.
Cansou-se do vazio,
da solidão e do penar.
Nunca faltou-lhe inteligência,
porém faltou-lhe o amor.
Para um homem da ciência,
a solidão é a pior dor.
Sendo assim cansado agora estou,
pensar não quero mais;
o desânimo me alcançou.
A loucura agora é quem vai comandar,
já nem sei mais quem sou.
Adeus então eu digo,
não procurem mais por mim.
Adeus livro, adeus histórias,
adeus ciência, adeus memória.

Já é chegado o fim.

REGRESSO

Quando a dor bate no peito,

insistindo em ficar.

Parece até não ter mais jeito,

dessa dor querer parar.

Ela surge de repente,

te assusta e de ti judia.

Toma conta da sua mente,

tira o sorriso, a alegria.

Difícil então é controlar

a lágrima a cair.

Começa e não quer parar,

dá vontade de sumir.

Fugir e não mais voltar,

me recolher e dormir;

num profundo sono e não acordar

e da vida desistir.

Mas algo dentro de mim

se faz mais forte.

Me sacode e por fim,

quer a vida e não a morte.

E assim o choro espanta,

vai embora mas sempre volta.
E quando então ela se levanta,
chega perto e bate a porta,
prontamente eu resisto.
Mas a dor é bem mais forte,
quase então eu perco o rumo,
quase sempre me foge o norte.

SUAVE

O canto dos pássaros à minha janela,

vem minhas manhãs comemorar.

O nascer do sol desponta,

para a alegria celebrar.

A relva ainda molhada

com as suaves gotas de orvalho,

anunciam o calor do Sol

que vem chegando de mansinho.

Nos aquece e nosso dia ilumina

e depois de vagarinho

vai ao longe se escondendo.

Sua beleza radiante vem

em mais uma tarde aparecer.

É o prenuncio delicado,

de mais um anoitecer.

A coruja então discreta,

sai a noite a passear,

bem à beira da minha janela,

seu canto quer anunciar

que o clarão da lua cheia,

Vai minha noite iluminar.

E assim sossegada adormeço
pois sei que terei paz!
Sob o regaço e o aconchego
dos seus braços vou estar.

SONETO DA SAUDADE

Quanta saudade guardada tem em meu peito,
que vontade imensa em querer te abraçar.
Saudade daquele meigo e doce teu jeito,
saudade do amor, da alegria do teu olhar.

Faz nove meses que a saudade grita alto sua
[partida.
É tempo demais sem eu não poder perto de ti estar.
É inexplicável a dilacerante dor da despedida,
é muito forte a vontade de em meus braços querer te
[afagar.

Me resta somente com amor e carinho,
as nossas lembranças
no peito guardar.

Fechar os olhos para rever seu sorriso
e no peito a chama da esperança,
de um dia te reencontrar.

COMO TE VEJO

Em meio às nuvens vem surgindo,
uma imagem angelical.
Acompanhada de um harmonioso
acorde musical.
Cabelos claros,
lábios que se destacam
suavemente a abrir.
Notas saem sem esforço
e uma melodia a surgir.
Parece ela, não ser
aqui desse lugar,
Parece aqui não pertencer,
difícil explicar;
definir tão delicado ser.
O brilho no olhar
ao mexer os lábios para cantar.
Suas aulas são terapias
e as dores fazem esquecer.
É só paz e alegria,
misturada com o som
da suave melodia,

da sua voz e do seu dom.

Olho para ela e não vejo

além do que meus olhos possam enxergar!

Vejo acordes, claves

e notas no espaço a bailar.

Sinto sua essência

e só quero celebrar,

tentando cantar como ela;

fechar os olhos e deixar

nos acordes do teclado,

a suavidade me embalar.

Seu nome

com a clave de sol se inicia,

de origem grega assim o é

Sua missão: ajudar a humanidade.

És tu mulher de fé!

Homenagem à prof. De canto/coral, Sandra Cielavin

MEU CAPITÃO, MINHA RAZÃO

Razão, consciência e vontade,

formam um triângulo quase letal.

A consciência esconde a vontade,

a vontade abafa a razão.

A razão suprime a consciência,

todas as três brigam pelo poder.

Poder em ter,

poder em querer,

poder em ser.

Justaposição quase perfeita,

poder e consciência,

razão e poder,

poder e vontade.

O que impera afinal?

Arriscarei em filosofar:

Os tolos querem o poder,

para saciarem seus desejos obscuros.

Os fracos almejam o poder

para quem sabe, driblar o destino;

pois desprovidos que são

de consciência e razão,

buscam o que não existe

e querem o que não podem.

Os covardes negligenciam

razão, consciência e vontade.

Não distinguem nenhuma delas,

se escondem entre escamas,

escamas que camuflam

suas vontades, pensamento e ação.

E os sábios afinal,

sabem das três fazer a distinção?

Os sábios as mantêm

firmes como rocha;

porém, pondo cada qual em seu arem.

A razão, estampada fica

no fixo do olhar;

firme então indica,

o melhor caminho a trilhar.

E a consciência?

Rica, viva e imortal,

é a grande mãe que vivifica,

impedindo a prática do mal.

E a vontade, louca e desvairada?

Dona dos desejos e instintos,

que solta corre desenfreada,

alimenta o imaginário,

é destemida e infiel

e que também no sábio habita,

porém, sem poder lhe fazer mal.

Pois a razão e a consciência,

em documento contratual

firmaram em palavras escritas,

que as três viveriam

na mais perfeita harmonia

E na convivência assumiriam

a total sabedoria,

em pensar, sentir e agir,

obedecendo ao fiel capitão,

verdadeiro dono da consciência e

da vontade, o chefe condutor,

dono e senhor,

RAZÃO.

NUANCES

Saudades no papel,

é pura poesia.

No coração,

dor que não cessa.

Na alma,

é a dor da ausência,

que no dia a dia,

vai minando a alegria.

E quando menos se percebe,

transforma a vida,

em fragmentos

de pó.

PA
   LA
      VRAS
        A
          VUL
            SAS

Revogue-se a dor
e seus incisos correlatos.
Homologue-se o amor
e seus parágrafos insensatos.

                  O tolo ri de tudo,
                o medíocre critica todos.
                 O sábio observa todos
                    e pondera tudo.

IMORTALIDADE

Um sorriso e um olhar,
nenhuma palavra a dizer.
Pensamento ao longe a divagar,
muitas vidas pra viver.
Encarnar, desencarnar,
morrer para renascer.
Um ciclo dinâmico,
porém complexo
de um ir e vir eterno.
o ciclo reencarnar,
vida após vida,
até que a missão seja cumprida.
A missão do amar,
da paz e compreensão.
Do perdão, da felicidade,
que todo ser
merece ter.
E assim encerra-se o ciclo,
quando a missão cumprida é.
Nas moradas eternais
segue rumo quem tem fé.

Fé em Deus,

crença na vida.

Certeza de se ter

uma alma imortal.

Certeza de um viver,

simplesmente eternal.

PODER

Os olhos, tudo vê e nada fala,

a boca tudo fala sem nada ver.

Os ouvidos tudo escutam

sem ao menos enxergar e comentar!

O nariz, tudo sente e nada diz.

A mente nada vê, nada fala e nada ouve;

porém dotada de uma capacidade

Inigualável,

sem enxergar, cria vultos e imagens;

sem ouvir, cria ruídos, barulhos e gemidos;

sem falar, cria palavras, produz pensamento.

Não sente o cheiro, mas os guarda em sua memória!

É capaz de ocultar o que sente,

inventar o que não viu,

descrever o que não existe!

Matar, sem ao menos se mover!

Prepara armadilhas

sem auxílio de ferramentas.

Sendo ela um verdadeiro mestre,

na criança ela é a vontade.

No louco, é a insensatez.

No covarde, o medo.

No velho, a dor.

no medíocre,

a camuflagem.

No caridoso,

a ingenuidade.

No sábio, a razão;

ela o conduz

ao inferno e ao paraíso;

basta você escolher

onde quer ir.

NOBRE METAL

Sentimentos me invadem,

quase sempre sem querer

Riso e choro por vezes se fundem,

chegam e saem sem se perceber.

Quando choro,

em descompasso bate o coração.

Um aperto,

uma angustia na alma,

sinto a dor da solidão.

Mas ao pensar em você,

um amor doce e profundo,

invade meu ser,

desorganiza meu mundo.

A dor da sua ausência reabre o abismo da solidão.

Tantas vezes,

de mim esteve perto

e não percebi o que com o tempo

foi acontecendo.

Pouco a pouco,

o sentimento foi crescendo;

quase explodindo o coração.

Pensava eu ser um amor,

que se sente por um irmão!

Porém a cada dia aumentava

e longe de você, sentia o vazio da solidão.

Reencontramo-nos por várias vezes,

num doce abraço, a saudade eu aplacava.

Quando você partia,

eu pensava o quanto de ti gostava.

Nossos filhos foram crescendo

e nós dois, cada qual com suas vidas.

Num ir e vir de reencontros,

fomos vivendo dia após dia.

Hoje penso em ti com mais freqüência

e o coração se enche de saudade.

Percebo que o que sinto,

foge um pouco do meu controle.

As lágrimas querem descer,

Porém, as seguro num total autocontrole

e por dentro a dor é tão grande que

choro por dentro e fico a divagar.

Por onde será que você anda,

em que braços pode você estar?

Quisera eu, que em meus estivesse

para todo o meu amor te entregar.

Sinto falto dos seus beijos,

sinto falta do seu olhar.

Em mim aumenta o desejo,

de em seus braços poder estar.

Envolver-me no seu corpo,

Te seduzir e me entregar,

ser teu sonho, ser teu mundo,

teus desejos realizar!

Num só corpo e um só desejo,

te amar,

amar,

amar.

IMAGINAÇÃO

Construí um barquinho de papel
e ali meu sentimento eu entreguei.
Coloquei nele seu retrato e um anel
e todo meu carinho, a ti eu dispensei.

Imaginava com você naquele barco estar,
navegar em mar aberto ao anoitecer.
Ver no céu azul a lua prateada despontar
e em seus braços, feliz adormecer!

Depois um aviãozinho de papel eu quis fazer
e no alto da montanha ele soltar.
Com você, por entre as nuvens eu viver
e cada vez mais alto com você poder voar.

Fiz também de origami um balão,
imaginei nós dois ali por entre os ventos.
A palpitar ficava então meu coração,
além do mar, além do ar, além do tempo.

Nas areias da praia com uma pá e um rastelo,

peguei um balde e me pus a construir.
Areia sobre areia um belo castelo
e no alto da mais linda torre eu te vi sorrir.

O tempo implacável continuou a passar
e em meus sonhos, sempre você estava.
O seu sorriso, sua imagem a me inundar,
a nossa vida, nossas histórias eu rememorava.

Você cresceu, fez as malas e disse-me adeus!
Prometeu que um dia ainda voltaria.
Fiquei aqui a escrever os versos meus,
na certeza que suas promessas cumpriria.

Também cresci, mas continuei a te esperar.
Passei então os nossos sonhos escrever.
Passavam-se os dias e meu amor a aumentar
e a saudade sem piedade a crescer.

O barquinho que há muito tempo construí,
a correnteza em chuva forte o levou.
O aviãozinho que um dia começou a subir,
ao chegar no topo da montanha despencou.

O balão, tão belo e altivo o vento levou
e distante assim no horizonte desapareceu.
O castelo de areia a onda da praia o arrastou,
o tempo passou e meu coração jamais te esqueceu.

SOLIDÃO

Os dias se passam

e ao meu lado, você a me acompanhar.

Chega a tarde, entra noite

e a solidão em meu quarto a esperar.

Dia após dia, a rotina se repete:

Eu e ela, ela e eu,

unidas na mais pura solidão.

Acostumei-me a não sonhar,

acostumei-me a não mais querer.

Um amor, um abraço, um alguém,

para em seus braços me amar

e em seu regaço me perder.

Os sonhos se foram com o tempo.

Os amores há muito se perderam.

A felicidade foi levada pelo vento.

A alegria, em um abismo se escondeu.

Saudades eu sinto, mas nem sei do que!

Desejos, na memória do tempo se esqueceram.

Solidão é o que me resta agora;

em noites frias um cobertor a me aquecer.

Sem destino minha alma ainda chora,

resta então a solidão me envolver

e sozinha, apenas conjugar o verbo ser.

Pois o verbo amar,

há tempos me deixou.

O pronome eu,

foi só o que restou.

UM SEGUNDO

Se pudesse voltar o tempo,

me bastaria apenas um segundo;

um segundo apenas

e tudo seria diferente.

Teria dito não ao seu pedido,

teria dito não ao seu olhar.

Teria rejeitado o seu beijo,

teria ignorado seu carinho.

Não teria fixado meu olhar ao seu.

Não teria sentido o seu cheiro,

não teria me envolvido em seus abraços.

Não teria te dito sim!

O sim do passado,

tem feito a diferença no hoje

e certamente fará a diferença no amanhã.

Aquele sim,

me fez esperá-lo!

Não me deixou esquecê-lo!

Fixou você em meu coração.

Não consegui tirá-lo de

dentro de mim.

Se pudesse voltar o tempo,

Me bastaria sim,

apenas

um segundo.

Um segundo

apenas.

CERTEZA

Uma voz se calou,

um silencio se fez.

O céu te abraçou

e uma vida se refez.

Fechastes os olhos

e por segundo adormecestes.

Os cabelos grisalhos

o tempo vencestes.

Com os Anjos e Serafins,

nos céus fez morada.

Arcanjos e Querubins,

te receberam na chegada.

O seu corpo não mais vejo,

seu abraço não posso ter.

Em meu secreto desejo,

fecho os olhos só pra te ver.

A cada dia que passa

A dor da ausência aperta mais.

Em pensamento tu me abraças

e de saudade a lágrima cai.

Olho seu retrato sinto apertar a dor,

brota então do fundo do peito,

por ti meu eterno amor,

E assim choro, não tem jeito!

Mas algo sei que é certo,

Eu vou te reencontrar.

Te sinto cada vez mais perto,

Sei que nos veremos, talvez em outro lugar.

ESQUECER-TE

Como explicar o amor,
como explicar o sentimento?
Como esconder uma dor,
como ocultar o pensamento?

O amor no olhar estampado fica,
os sentimentos, nos atos aparecem.
A dor no choro se materializa,
o pensamento, oculto não permanece.

Como tirar do coração
algo que ali enraizou?
Como aplacar a emoção
ao relembrar o tempo que passou?

Tua imagem sempre reaparece,
em meus sonhos e pensamento.
Quem sabe um dia minha mente te esquece,
Mesmo que por um breve momento.

IRMÃOS

Amor e ódio irmãos gêmeos são,
caminham de mãos dadas,
ambos brotam do coração.

Um, só traz felicidade,
acredita, suporta, ajuda
e é carregado de toda bondade.

No rosto estampa o sorriso,
com ele a alma fica leve.
É como estar no paraíso.

O outro está sempre adoentado,
enfurecido, vingativo,
passa a vida acorrentado.

De maus intentos,
vive sempre na penumbra
inundando a alma de tormentos.

Amor e ódio irmãos gêmeos são!
Filhos do mesmo pai e mesma mãe,
dividem um só coração.

INSPIRAÇÃO

Você é minha poesia,
minha eterna inspiração.
Minha vida minha alegria,
também a dor no coração!

Você é a minha saudade,
a melhor parte do meu ser.
Meu sorriso, minha bondade,
meu eterno bem querer!

Você, é no céu a estrela brilhante,
a iluminar o meu caminho,
É uma saudade constante,
é meu eterno carinho.

Você é como a mais bela rosa
a enfeitar o meu jardim.
Você é meu verso, minha prosa,
é meu mais belo jasmim.

Você é a paz que acalma,

minha angustia e meu coração.
É a mais doce harmonia,
da mais suave e bela canção.

Você é a saudade que tenho agora,
de pedir-lhe sua benção minha mãe!
Você é a saudades que sinto agora,
De poder abraçar-te minha amada mãe.